blanco
y
otros cuentos

por
Meg
Villanueva

La sirena baila
Nivel 2-3

To my friend
Laurie Clarq

You told me I could do this. I listened.

Special thanks to my editors, Brian Barabe and Marisol Valencia, as well as all you on Facebook that have helped with corrections on these stories.

First edition: December, 2013

Printed in the USA

1) El chico impaciente

Había un chico que se llamaba Bob. Bob quería comer pizza. Por eso fue a la casa de su amigo, Raúl. Raúl le dijo que no podía comer ahora; estaba estudiando, pero podía ir a la pizzería después.

Bob no quería esperar. Por eso anduvo a la casa de otro amigo, Larry. Larry le dijo – Necesito hablar con mi papá, y él va a volver muy pronto. Luego podemos ir.-- ¡Otra vez un amigo que quería esperar! Bob estaba un poco enojado, pero decidió comer pizza solo.

Bob fue a un restaurante que se llamaba "Sauce". Cuando llegó, la mesera le dijo que tenía que esperar quince minutos. No quería esperar. Por eso fue a cinco restaurantes más. En cada restaurante le dijeron que tenía que esperar, así que Bob salió de cada restaurante.

Por fin Bob volvió al restaurante "Sauce". Esta vez no tenía que esperar, así que entró y se sentó en una mesa. Recibió su pizza y empezó a comer. Luego, se dio cuenta de que los amigos Raúl y Larry estaban en el restaurante también. Los tres amigos se sentaron en la mesa y comieron pizza juntos. Cada amigo estaba muy feliz.

2) *Los problemas de Jimmy*

Jimmy quería ir a un partido de fútbol americano. Estaba muy emocionado. Anduvo a la escuela, pero de repente se dio cuenta de que el Señor Flannery estaba mirando a los estudiantes! El Señor Flannery lo miró y le dijo –Jimmy, tus pantalones son muy grandes. Puedo ver tus calzones.- Jimmy volvió a casa y se cambió los pantalones.

Mientras andaba al partido, Jimmy podía oír los gritos de los estudiantes. Cuando volvió a la escuela, el Sr. Flannery no estaba, sólo una mamá. La mamá le dijo –Hola, necesito ver tu identificación, por favor.- ¡Su identificación! ¡Estaba en los otros pantalones! Pobre Jimmy volvió a la casa de nuevo y buscó su billetera. La encontró en el bolsillo de los otros pantalones y volvió a la escuela.

Cuando volvió, Jimmy tenía que esperar porque había mucho tráfico. Por fin llegó a la escuela—pero era demasiado tarde. ¡Salpointe había ganado 32-31! ¡Fue el partido más emocionante del año! Pobre Jimmy volvió a su casa y lloró.

3) *Ricitos de Oro y los osos buenos*

Había una chica molesta que se llamaba Ricitos de Oro. A ella le gustaba andar en el bosque, y siempre buscaba casas abiertas para entrar y robar. Un día, Ricitas de Oro andaba en el bosque y vio una casa abierta. Era la casa de los tres osos. Los osos no estaban. Por eso la chica abrió la puerta y entró.

En la casa la chica vio una mesa que tenía tres platos con cereal. Probó el plato grande, Raisin Bran, y luego el mediano, Wheaties, pero no le gustaron. Entonces probó el plato chiquito-- ¡delicioso! ¡Fruity Pebbles! Comió y comió y por fin se lo comió todo.

La chica comió tanto que estaba muy cansada. Buscó una cama para acostarse. Encontró un dormitorio con tres camas. Ricitas de Oro se acostó en la primera cama. Era muy dura. Luego se acostó en la segunda cama. Era demasiado suave. Luego se acostó en la cama chiquita. ¡Perfecta! Pronto la chica se durmió.

Después de un rato, los osos volvieron de un paseo en el bosque. Miraron los platos y se dieron cuenta de que alguien había comido de los platos. El oso bebé le dijo que alguien había comido todo su cereal. El papá oso estaba enojado.

Fueron al dormitorio para colgar los abrigos. Mamá Oso vio que alguien se había acostado en su cama. Papá le dijo—sí, y luego se acostó en mi cama. El osito bebé empezó a llorar. Papá, alguien se acostó en mi cama, y ¡TODAVÍA ESTÁ!

Cuando vio a la chica dormida, Papá Oso llamó a la policía, y muy pronto la policía llegó y arrestó a Ricitos de Oro. Todos los animales en el bosque estaban felices porque la chica no iba a molestarlos más.

4) *La historia de Jacobo y Raquel*

Jacobo quería casarse con Raquel. Le dijo a su papá que quería trabajar por siete años para casarse con Raquel. El papá de Raquel, Laban, tenía otra hija que se llamaba Leah. Él le dijo que podía casarse con Raquel, pero el día de la boda el papá substituyó a su otra hija, Leah. Jacobo no quería casarse con Leah; sin embargo se casó con Leah. Aunque tenía una esposa, Jacobo todavía quería casarse con Raquel y le pidió la mano de nuevo.

Cuando Jacobo le pidió la mano de Raquel de nuevo, el papá le dijo que podía casarse con Raquel también si trabajaría para él para siete años más—sin pago. Jacobo estaba de acuerdo. Iba a trabajar por siete años más porque todavía quería casarse con Raquel. Cuando se casaron Jacobo y Raquel, ¿estaba enojada o triste Leah? No sabemos. Sin embargo, Leah y Raquel ya eran las esposas de Jacobo.

Después de casarse, Leah tuvo diez hijos, pero Raquel no tuvo ningún hijo. Jacobo todavía estaba muy enamorado de ella, y un día Raquel estaba enojada y gritó a Jacobo --¡Dame un hijo o voy a morir!—Sin embargo, no tuvo hijos por muchos años. Pero cuando sí tuvo un hijo, lo nombraron José. José fue el chico que los hermanos vendieron como esclavo; y fue el hermano que fue a Egipto.

Aunque empezó como un esclavo, sin embargo José se convirtió en alguien muy importante porque salvó a su familia cuando no había comida por una sequía (drought).

5) *¡Qué horrible!*

Mariana llegó a casa. Estaba muy cansada y un poco nerviosa. Volvió a casa después de mirar "Resident Evil 3." ¡Qué película! Mariana se quitó su suéter, se acostó en el sofá, tomó el remoto, y empezó a ver las noticias. El reportero, un hombre guapísimo, le dijo que un ladrón se había escapado de la policía....
De repente su perro empezó a ladrar. ¡Algo—o alguien—hacía mucho ruido! ¿Qué era? ¿El ladrón? ¡O no! Mariana estaba muy asustada. No sabía qué hacer. Sus padres estaban en Nuevo México y ¡ella estaba sola!

La chica se levantó del sofá y fue a la mesa. Quería agarrar el teléfono celular para llamar 911, pero ¡su bolsa no estaba! ¡O no! Buscó por toda la casa por algo para defenderse. No había nada—menos el remoto. La chica cogió el remoto y esperó. Algo todavía hacía mucho ruido, pero ahora ¡estaba en la casa! Pero ¿cómo? Ella anduvo con mucho cuidado al dormitorio de los padres. La puerta estaba abierta. No estaba abierta antes. Ella miró adentro—
Había un "hombre", pero no era hombre. Era morado y alto y tenía tres brazos y dos cabezas. ¡Era un extraterrestre! Viendo que ella estaba mirándolo, el extraterrestre le dijo—Mariana, te buscaba. Ven conmigo a mi nave...y le agarró el brazo a la chica. Mariana gritó...y se despertó. Era una pesadilla. ¡Qué alivio!

6) *La cita de Roberto*

Un día, Roberto decidió salir con una chica que se llamaba Marci. Marci era muy bonita y a Roberto le gustaba mucho. Roberto le pidió a su mamá –Por favor, Mamá, ¿Puedo salir con Marci solo?-- La mamá le dijo –No, necesitas llevar a tus hermanitos también. Si tú vas, ellos también van. —

Así que Roberto decidió ir a una película con Marci. Los hermanitos también fueron, pero había dos películas en dos teatros—los hermanitos iban a mirar "Madagascar 3" y Roberto y su amiga iban a mirar "Hell House". Roberto y Marci anduvieron con los hermanitos a su puerta, y cuando ellos estaban adentro, los chicos volvieron al otro teatro. Abrieron la puerta y se sentaron en sus sillas.

En el otro teatro, los hermanitos no se portaban bien. Gritaban, jugaban en las sillas, tiraban las palomitas (popcorn) y la soda, y la pasaban muy bien—hasta que (until) un empleo vino. Les preguntó--¿Dónde están los padres? Un hermano le dijo—Están mirando "Hell House". El empleado corrió al otro teatro con los hermanitos y buscó a la pareja.

Roberto la pasaba bien cuando Marci le dijo – ¡Oye, Roberto! ¿No oyes eso? Roberto escuchó y oyó una voz. ¡Roberto! ¡Roberto! Era el empleado del cine. Buscaba a Roberto. Cuando lo encontró, le dijo que Roberto y los hermanos tenían que salir del teatro inmediatamente.

Pobre Roberto estaba muy triste. Volvieron a su casa y los hermanitos entraron la casa. Entonces Roberto le dijo a Marci—Lo siento mucho. Mamá me dijo que siempre tengo que llevar a mis hermanos. Marci se rió. – Roberto, yo entiendo. ¡Tengo seis hermanos! No hay problema. La pasé muy bien hoy. Roberto estaba muy feliz.

7) *Mitch y el dinero*

Mitch andaba por la calle y vio algo verde. ¡Era trescientos dólares! El chico agarró el dinero y corrió a casa. Le dijo a su madre – Mamá ¡mira! ¡Encontré trescientos dólares en la calle! Su mamá le dijo –Mitch, sabes que debes llevar el dinero a la policía. Mitch sabía que su mamá tenía razón. Le dijo a su mamá que iba a andar a la policía para devolver el dinero.

Mitch andaba a la policía cuando vio que podía comprar un Playstation 3 y cuatro juegos por trescientos dólares. El chico sabía que no debía hacerlo, pero compró el Playstation y los juegos. Salió de la tienda muy contento.

Cuando Mitch llegó a casa, su mamá no estaba. Mitch escondió el Playstation en su closet y no le dijo nada a su mamá. No jugaba con su Playstation cuando su mamá estaba en casa, pero cuando ella iba a trabajar, el chico la pasaba muy bien con sus videojuegos.

Un día cuando volvió de la escuela, su mamá y dos policías lo esperaban. En el sofá, en una caja abierta, estaba su Playstation. Su mamá le preguntó—Mitch, ¿devolviste el dinero a la policía?—Mitch le contestó –No, Mamá. Compré el Playstation. La policía le dijo que hubo un robo en un banco. El dinero estaba marcado, y la policía encontró casi todo. La tienda tenía un registro (record) de su dinero, y Mitch ¡compró la máquina con dinero robado!

Pobre Mitch. Tenía que devolver la máquina a la tienda y su mamá le dijo que nunca debía usar dinero que no era suyo. Y también Mitch tenía que quedarse en casa por un mes por portarse mal. ¡Qué vergüenza!

8) *La casa de los gatos*

Brian no tenía miedo de nada. Por eso cuando un amigo le dijo que había una casa embrujada, Brian le dijo que quería pasar la noche en la casa. Su amigo le dijo --¡Ten cuidado! ¡Es una casa muy mala! Brian entró en la casa y se sentó en una silla.

Después de un rato entró un gato. El gato era más grande que un gato normal. Era tan grande como un Beagle, y los ojos verdes brillaban. El gato lo miró y se sentó a su lado. Brian todavía no tenía miedo.

Después de unos minutos, otro gato llegó. El gato era más grande que el otro gato—era tan grande como un Great Dane, y los ojos azules brillaban. El gato grande miró el otro gato y le dijo –Hola, Charlie. ¿Quién tiene la culpa?— Charlie le dijo –Él.--, e indicó a Brian con la cabeza. El otro gato le dijo --¿Cuándo va a empezar? – El gato Charlie le dijo --Cuando llegue Martín.

Los dos gatos se sentaron al lado de Brian. Brian no tenía miedo, pero estaba curioso. Les preguntó --¿Quién es Martín? Los gatos no le contestaron nada. --¿De qué tengo la culpa?—No le contestaron.

Después de un rato, llegó otro gato. Era mucho más grande que los otros gatos. Era tan grande como un caballo. Los ojos anaranjados brillaban. Les saludó a los otros gatos y los tres miraron a Brian. Entonces el gato grandote les dijo --¿Tiene la culpa él?-- --Sí. --¿Cuándo va a empezar?-- --Esperamos a Martín.

Al oír esto, Brian decidió que una persona debe de tener cuidado. Se levantó de la silla y les dijo a los gatos --Permiso, gatos. Cuando Martín venga, por favor, díganle que no quería esperar más.-- Brian salió de la casa corriendo y nunca volvió.

9) *Los gemelos*

Había un par de gemelos idénticos. Se llamaban Rocky y Randy. Rocky era mayor por tres minutos, y siempre molestaba a su hermano.

--Randy, soy más alto que tú.

--Rocky, no es verdad. Soy tan alto como tú.

--¡No!, soy más alto que tú. También soy más inteligente que tú.

--¿Por qué me dices eso? Mis notas son tan buenas como las tuyas.

--Sí, pero tú estudias más que yo. Yo no estudio, pero todavía tengo notas tan buenas como las tuyas.

Eso es lo que pasaba, día tras día. Rocky siempre le decía a Randy que era más guapo, más fuerte, y podía hacer todo mejor que su hermano.

Un día, los padres fueron a una conferencia en Denver, y los gemelos se quedaron en casa porque tenían que ir a la escuela. Como siempre, Rocky empezó a molestar a su hermano.

--Mamá me dijo que yo puedo comer tu postre porque necesito más comida que tú.

--No es verdad. Yo necesito tanta comida como tú.

--Y también, tú necesitas limpiar toda la casa, porque tú tienes que trabajar más que yo, porque soy el mayor.

--Rocky, ¡no es verdad! No voy a hacer tus quehaceres (chores).

--Tienes que hacerlos. Soy más fuerte que tú. Si no los haces, ¡te golpearé! (I'll beat you up)

--Rocky, soy tan fuerte como tú. No puedes golpearme.

--No es la verdad.-- Y Rocky le pegó.

Rocky y Randy empezaron a pelearse. Se peleaban en la casa, ¡mala idea! Mientras peleaban, Randy quebró una lámpara y Rocky rompió las cortinas.

De repente, la puerta se abrió. ¡Mamá!

--Olvidé mi maletín (briefcase), chicos... ¡Rocky! ¡Randy! ¿Qué están haciendo?
Los chicos gritaron --Mamá, ¡Randy tiene la culpa! --No, Mamá, ¡Rocky tiene más culpa que yo! ¡Me dijo mentiras!

Los padres estaban muy enojados con los chicos--pero más con Rocky que con Randy, porque sabían que Rocky siempre molestaba a su hermano. Randy recibió tres semanas castigado en casa (grounded) y Rocky recibió un mes.

Randy fue al dormitorio de Rocky y le dijo --Rocky, recibiste más tiempo que yo. Pero ¿sabes qué? Estoy bien con eso.-- Randy se rió, pero Rocky no le dijo nada

10) *¡Tanto ruido!*

Había un chico que se llamaba Clyde. Clyde y su hermano John estaban en la cocina. Jugaban con las ollas y las sartenes. Lo pasaban bien, y también hacían mucho ruido. John le dijo a Clyde—No debemos hacer tanto ruido, Clyde. Mamá va a ponerse enojada.

Clyde se rio. –No tienes razón, John. Mamá no va a ponerse enojada. Mamá es muy simpática. Está bien.-- John decidió que Clyde tenía razón. Los hermanos hacían aún más ruido.

En un rato, Mamá entró a la cocina. ¡Clyde! ¡John! No hagan tanto ruido. ¡El bebé está dormido! Salió de la cocina. Clyde miró a John y le dijo –Hermano, tienes razón. No podemos jugar aquí. Vamos al dormitorio.

Los hermanos compartieron un dormitorio, y ellos llegaron y empezaron a jugar. Al principio no hacían mucho ruido, pero mientras jugaban, hicieron más y más ruido. En un rato, Mamá entró el dormitorio. --¡John! ¡Clyde!—ella gritó. Ustedes hacen mucho ruido. El bebé está en su cuna en el otro dormitorio. ¡Cállense!

En ese momento, todos oyeron una voz chiquita llorando del dormitorio de Mamá. ¡El bebé! Mamá había gritado tan fuerte que había despertado al bebé. Ni John ni Clyde tenían la culpa, pero los dos chicos fueron castigados de todos modos. ¡Qué triste!

11) *Los sueños de Julia*

Había una muchacha que se llamaba Julia. Ella soñaba con ser doctora. Pidió un bolso médico, una bata de laboratorio, y un estetoscopio para su cumpleaños. Ella se vistió en la bata y se miró en el espejo. ¡Qué bella era!

Un día, su amiga se cayó y se raspó el codo. Como siempre, Julia tenía su bolso médico, y había curitas adentro y también Neosporine. Por eso la chica quería ayudar a su amiga. Pero cuando miró el codo ¡había mucha sangre! La pobre Julia se enfermó y casi vomitó. Por eso, sabía que no podía ser doctora.

Unos años después, Julia soñaba con ser cantante. Se puso pantalones de cuero (leather), una camiseta con un dibujo de su banda de rock favorita, y se miró en el espejo mientras tocaba su guitarra. ¡Qué bella era! Pero cuando oyó su voz en un video de YouTube, ella se dio cuenta de que no podía cantar. Por eso, no podía ser cantante.

Cuando Julia cumplió 16 años, recibió un carro nuevo para su cumpleaños. Su papá le dijo que ella debía cambiar el aceite (oil) sola, y ella aprendió rápidamente. Descubrió que le gustaba mucho componer los carros. Ella le pidió más instrucciones a su papá, y pronto él le dijo que no podía mostrarle (show her) nada más—¡ella sabía todo lo que sabía él! Por eso, ella asistió a las clases de reparación de automóviles.

Cuando se graduó, soñaba con ser mecánica, y empezó a trabajar en un taller (shop). Ahora está muy feliz. También, cuando se miraba en el espejo, ¡era muy bella en sus overoles (coveralls)! Julia estaba contenta y tenía muchos admiradores, también. Todos querían ayuda con sus carros, y a ella le gustaba ayudarlos. ¡Qué bella!

12) *Psy y el estilo Gangnam*

Psy, un cantante que se hizo muy popular cuando su canción, "Estilo Gangnam," se hizo un fenómeno en YouTube, no tenía que buscar mucho por su inspiración. Psy (nombre real—Park Jae-Sang) nació en Seúl, Corea Sur, en el distrito de Gangnam.

Estilo Gangnam es más que un estilo—es una forma de vida. Gangnam es la ciudad más rica en toda la Corea del Sur, y la gente puede hacer lo que quiere. Un dicho popular es "Los chicos son ricos, las chicas son bellas, y todos son suaves (cool)". Decir estilo Gangnam es como decir "swag" o "YOLO" en inglés.

En el video la gente se viste con ropa ridícula, sí, pero, ¿te diste cuenta de que toda la ropa es de los Estados Unidos? Estilo Gangnam, se puede decir, es estilo americano. Gangnam es la ciudad Beverly Hills de Corea, según Psy. Los chicos de Gangnam tratan de ser americanos.

La canción es más que una canción cómica hecha por un bromista. Es un comentario sobre la vida de los chicos ricos en la ciudad más rica de Corea del Sur. Psy dice –Oppa Gangnam Style—(El hermano mayor es el estilo de Gangnam)—aunque es obvio que no es. Es una canción que muestra qué ridícula es la vida y el estilo del distrito.

Aunque es un comentario sobre la vida Gangnam, a todo el mundo le encanta la canción, inclusive a la gente de Corea del Sur, por el baile. El video se hizo tan popular en YouTube que más de un billón de personas lo han mirado. ¡Qué viva el estilo Gangnam!

13) *Mmmmm, ¡café!*

El Sr. Vanderfelter siempre quería lo mejor de todo. Cuando quería beber café, por supuesto, quería solamente el café más caro de todo el mundo. Por eso, el Sr. Vanderfelter bebía café Esmeralda. Una libra del café costaba más de $100. El hombre estaba muy seguro que el café era carísimo y por eso era el mejor del mundo. Pero todo cambió un día cuando su amigo, el Sr. Narizón, hizo un viaje para visitarlo. El Sr. Narizón se sentó en una silla y el Sr. Vanderfelter le hizo una taza de café. El Sr. Vanderfelter bebió su café hasta que la taza estaba vacía, pero entonces se dio cuenta de que ¡la taza del Sr. Narizón todavía estaba llena!
--¿Qué pasa, Jorge?--le dijo. –¿No te gusta el café?-- El Sr. Narizón le dijo, -

-Perdóname, Horace. Sí, me gusta el café, pero no el café ordinario. Me gusta solamente el café delicioso. Este café, lo siento, no es delicioso para mí. Solamente me gusta Café Civet. Probablemente es demasiado caro para ti, amigo. Cuesta más de $500, pero es el más delicioso de todo el mundo.

Después de la visita del Sr. Narizón, el Sr. Vanderfelter estaba muy curioso. ¿Café Civet costaba más de quinientos dólares? ¡Qué delicioso tenía que ser! Así que el Sr. Vanderfelter le dijo a su mayordomo (butler),

Jeeves, --Cómprame Café Civet. Por eso, Jeeves compró Café Civet para su jefe.

Cuando llegó el café, Jeeves lo hizo, lo echó en una taza, y se lo sirvió a su jefe. El Sr. Vanderfelter lo probó y muy pronto la taza estaba vacía. Le dijo—Jeeves, ¡el café está delicioso! Cuesta mucho, pero ¡vale la pena! Es diferente—tiene algo—no sé.

Jeeves sonrió, pero no le dijo nada. El Sr. Vanderfelter nunca sabía lo que era diferente porque el café estaba hecho de la popó de un gato--¡por eso tenía un sabor muy diferente! Jeeves pensó "¡Mi jefe tiene más dinero que inteligencia!"

14) *Un día terrible*

Todo empezó en la mañana. Quería un tazón de cereal para el desayuno. Mientras preparaba el cereal, tropecé y me caí. La caja de cereal se rompió y había cereal por todas partes. Limpié el piso y miré la caja. Estaba rota—no había más cereal adentro. La eché en la basura y –ya que no había más cereal--comí yogur.

Después del desayuno, me acerqué al carro para ir a la escuela. Abrí la puerta y me subía ¡cuando oí algo romper! ¿Qué pasó? Mi bolsa estaba rota, y todas mis cosas estaban en el suelo. ¡O no! Me bajé del carro, agarré mis cosas, y ya que mi bolsa estaba rota, volví a la casa para buscar otra.

Cuando--¡por fin!-- llegué a la escuela, mi amiga Carla andaba a su clase. Me bajé del carro, cerré la puerta, y corría hacia ella cuando oí un sonido--¡crac! Miré por abajo--¡el talón de mi zapato rompió! Ya que estaba roto mi talón, me quité mis zapatos y corrí a mi amiga. Entrábamos en el salón de clase cuando la profesora vio que no tenía zapatos yo. Aunque expliqué que estaban rotas, ella me mandó al deán ya que no tenía zapatos. Ella me dio unos zapatos feos. Cuando volví al salón, no quería estudiar.

Al fin del día, llegué a casa muy cansada y triste. Mi bolsa estaba rota. Mis zapatos también estaban rotos. No había más cereal. ¿Qué más iba a pasar? Cuando entré en la casa, Mamá me abrazó. –El deán me llamó y me dijo que tus zapatos se habían roto. ¡Pobrecita! Vamos a ir de compras a Macy's. ¿Quieres ir? -- Fuimos a Macy's y compré una bolsa nueva, zapatos nuevos, y unos vestidos y blusas también. ¡Qué día tremendo!

15) *El chico solitario*

Había un chico tejano muy solitario que tenía ganas de tener una amiga. El chico tenía 24 años. Tenía pelo castaño, ojos azules, y un bigote chiquito. Se llamaba Arnaldo. Quería una amiga porque a él le gustaban mucho las chicas. Tenía muchas amigas en Dallas, pero estudiaba leyes en Houston. Por eso quería una amiga.

Un día, Arnaldo vio a una chica en una banca en el parque. Arnaldo tenía ganas de hablar con ella. Él se acercó a la chica y le dijo –Hola, me llamo Arnaldo. ¿Cómo te llamas?-- La chica pensó "Oh no, un ladrón. Quiere mi bolsa." (La chica era un poco extraña.) La chica no le dijo nada. Arnaldo pensó que la chica no podía oír bien. Por eso le dijo otra vez—Hola, me llamo Arnaldo. ¿Cómo te llamas?—La chica no le dijo nada. Se alejó de él y fue a otra banca.

Arnaldo estaba sorprendido. ¿Por qué no tenía ganas de hablar con él la mujer? Se acercó a la mujer de nuevo. Se sentó en la banca y le dijo otra vez –Hola, Me llamo Arnaldo…-- y ¡la chica le pegó con un libro! –¡Ladrón! ¡Muévete de aquí!—gritó.

Arnaldo estaba muy sorprendido y muy triste. Se sentó en otra banca. Otra chica estaba en la banca. Arnaldo no tenía ganas de hablar con ella, pero ella sí tenía ganas de hablar con él. Ella le dijo –Hola. Me llamo Penny. Soy de Los Ángeles. Estudio aquí, pero extraño a mis amigos. Quiero un amigo.-- ¡Qué coincidencia! Arnaldo y Penny se hicieron amigos y ahora ellos y sus familias pasan mucho tiempo juntos.

16) *John y el carro nuevo*

John iba a cumplir 16 años en una semana. Los padres le prometieron que cuando cumpliera 16 años, iba a recibir un carro nuevo. Un día, John andaba a su casa cuando tropezó con un juguete en la acera (sidewalk). El chico se cayó en la calle ¡al mismo instante que vino un carro! El carro le pegó a John. El chico se quebró las dos piernas y tuvo que ir al hospital en una ambulancia.

Cuando los padres vinieron, John estaba en una cama en el hospital. Había un yeso (cast) en cada pierna. El papá le dijo –John, ¿Qué te pasó?-- John le explicó que se tropezó y se cayó en la calle. Papá le dijo –John, vas a cumplir 16 años en unos días. Vas a tener un carro nuevo. Pero, ¿cómo vas a manejar un carro nuevo si no puedes usar las piernas?—

De repente Mamá le dijo –John, Papá y yo vamos a caminar a la cafetería por café. -- Ellos fueron a la cafetería del hospital y cuando volvieron, nadie dijo nada más del accidente.

Unos días después, John y los padres salieron del hospital. Era su cumpleaños, pero John no estaba muy feliz. Tenía que usar una silla de ruedas (wheelchair) y ¡era su cumpleaños! ¿Cómo iba a manejar un carro nuevo?

Los padres y John fueron al estacionamiento (parking lot). Había un carro bonito y nuevo. En frente del carro había un chofer con uniforme, guantes blancos, y una gorra de chofer. Papá le dijo –John, éste es tu carro nuevo. No puedes manejar ahorita, así que puedes usar a Ben el chofer hasta que tus piernas sanen. John estaba feliz porque su papá había solucionado su problema.

17) *El viaje a Italia*

Molly quería hacer un viaje a Italia. Por eso, compró un boleto y se subió a un avión gigante. Había mucha gente. Molly estaba muy emocionada porque nunca había ido a Italia antes. Ella esperó en su asiento, y por fin el avión empezó a mover por la pista (runway), pero ¡ no despegó! En vez de volar, ¡el avión dio la vuelta y volvió al aeropuerto! ¿Qué pasó?

De repente, Molly oyó la voz del piloto por el altavoz (speaker). –Pasajeros, hay un problema. No tenemos bastante gasolina. Despegamos en una hora.-- ¡Una hora! ¡Qué lástima!

Después de una hora, el avión empezó a mover de nuevo. Esta vez, despegó y empezó a volar. Voló por menos de cinco minutos, y entonces una voz le dijo: --Pasajeros, lo siento mucho, pero el motor no funciona bien. Debemos volver al aeropuerto.—

El avión dio la vuelta otra vez y volvió al aeropuerto. Aterrizó y los pasajeros se bajaron del avión. Molly volvió a la terminal y después de tres horas, los pasajeros se subieron al avión de nuevo.

Esta vez, todo estaba bien. El avión despegó, empezó a volar, voló por trece horas, y entonces aterrizó en el aeropuerto Leonardo da Vinci en Roma. Cuando Molly se bajó del avión, estaba muy emocionada. ¡Ahora, podía viajar a las ciudades famosas de Italia!

Pero cuando la chica llegó a la aduana (customs), se dio cuenta de que ¡su pasaporte había vencido! Pobre Molly se subió al próximo avión, despegó de Roma, voló a Tucson, y aterrizó. Nunca visitó a Italia otra vez.

18) *El mesero tonto*

Había un mesero muy tonto. Fue a una mesa y le preguntó a la familia que se había sentado allá ---¿Qué quieren Uds. de tomar?-- La mujer le dijo que quería Coca Cola, el hombre le pidió té helado, y los muchachos le pidieron leche de chocolate.

El mesero salió de la mesa y pronto regresó con una botella de Doctor Pepper, dos vasos de leche, y té caliente en una taza.

La mamá le dijo – Señor, no quiero Doctor Pepper. Quiero Coca Cola. -- El papá le dijo que quería té helado, no té caliente. Los muchachos empezaron a llorar porque querían leche de chocolate en vez de leche blanca.

El mesero tenía vergüenza. Cogió todas las bebidas y volvió a la cocina. Pronto regresó con una Coca Cola, dos leches de chocolate—¡y una botella de vino! Les dio la leche de chocolate a los muchachos, le dio la Coca Cola a la mamá, y echó la botella de vino en dos copas para la mamá y papá. Le dijo –¿el orden está correcto ahora?-- La mamá empezó a quejarse, pero el papá la interrumpió. --¡Todo está bien! Muchas gracias!—

19) *Un agosto en Buñol*

Lupe y su amiga Marcia hacían un viaje a España. Querían divertirse en la playa, así que encontraron un hotel en el pueblo de Buñol. Fueron a Buñol durante los últimos días de agosto. Un miércoles, las chicas fueron al mar. Se subieron a un autobús, se bajaron del autobús en la playa, y la pasaron bien. Se subieron en el autobús de nuevo, y después de un rato se bajaron del autobús en Buñol.

Marcia le dijo a Lupe --¿Por qué hay tanta gente aquí?-- Lupe no sabía por qué había tantas personas. También había muchos camiones (trucks). Los camiones estaban llenos de tomates. ¡Qué curioso! De repente, Marcia gritó. ¡Alguien me echó agua de un apartamento! Un chico en la calle ¡tiró un tomate y le pegó a Lupe en la cabeza! Marcia no pudo evitarlo (couldn't avoid it)—se rio, pero luego ¡otro chico le lanzó otro tomate a Marcia y le pegó en el pecho! Los tomates se aplastaron sobre las camisas de las chicas. Lupe se enojó, pero Marcia le dijo— ¡Lupe! ¡Mira! ¡Es La Tomatina!

Era verdad. Las chicas estaban en medio de la fiesta de La Tomatina de Buñol. Había más de 20 mil personas allá, y aún más se bajaban de autobuses, de carros, de camiones y de motos para participar. Unos se acostaron sobre los tomates, otros los agarraron y le pegaron a la gente con los tomates. Aún más personas corrían por las calles. Todos estaban cubiertos de jugo de tomate. Después de una hora, un cohete (rocket) explotó en el cielo, y la gente paró. Unas personas con mangueras (hoses) largas y grandes echaron agua, y toda la gente se puso a limpiar. ¡Qué fiesta divertida!

20) *Chavo y la ballena*

Chavo quería hacer un viaje a la isla de Catalina. No es posible ir a la isla por carro, así que se subió a un barco. El chico tenía que esperar un rato porque había muchos pasajeros, y por eso Chavo esperó mientras el resto de los pasajeros se subía al barco.

Mientras iban a la isla, el capitán les dijo a los pasajeros –Damas y caballeros, a su izquierda, ¡ustedes pueden ver una ballena! ¡Qué buena suerte!-- La ballena era muy grande, y nadó al lado del barco por unos minutos hasta que desapareció.

El barco estaba en el medio del océano cuando vieron la ballena de nuevo. La ballena le pegó al barco con su gran cuerpo. Muchas personas gritaron. ¡La ballena había quebrado el barco! De repente el barco empezó a moverse. ¡Se hundía! El capitán les dijo a los pasajeros-- ¡Qué mala suerte! Tenemos que abandonar el barco!--

Chavo se bajó del barco en una lancha de salvamento. Las lanchas eran muy pequeñas, pero a los pasajeros les gustaron mucho porque no se ahogaron. Cuando llegaron a la isla de Catalina, los pasajeros decidieron que las ballenas eran mala suerte.

21) *La boda*

Buffy iba a casarse con Bruce en menos de dos meses. Un día, Buffy y su mamá fueron a la pastelería sin el papá. Compraron un pastel de boda que les costó ¡dos mil dólares! El panadero les dijo que no podían cancelar la orden, pero no le hicieron caso. La mamá pagó la cuenta con una sonrisa.

Cuando el papá volvió a casa, la mamá sabía cuánto costó el pastel, pero no se lo dijo. Solamente le dio la cuenta a él. El papá no sabía que tenía que pagar tanto por un pastel. El papá le preguntó --Este pastel, ¿está hecho de oro? -- Pero la mamá no le hizo caso.

El próximo día Buffy y la mamá iban a la iglesia para hablar de la boda con el padre, y el papá decidió ir también. Los tres llegaron a la oficina del Padre Michael. --¿Cuánto cuesta una boda aquí? – le preguntó el papá. Los padres estaban en la oficina, pero Buffy no estaba. Buffy estaba afuera, hablando por teléfono con su novio Bruce. Era totalmente normal--muchas veces ella no les hacía caso a las preguntas de la boda.

--Una boda muy íntima en la capilla (chapel) cuesta cuarenta dólares. Una boda magnífica en la iglesia cuesta mil dólares. El papá empezó a decir que querían la boda íntima cuando ¡la mamá le pegó con su bolsa debajo de la mesa! Así que el papá no le dijo nada al padre. Sabía que la mamá iba a decir que querían la boda magnífica,—y por supuesto, ella sí se lo dijo al padre. El Padre Michael le dio la cuenta al papá y él pagó la cuenta antes de salir. Cuando el padre les dijo que no podían cancelar la boda, ellos no le hicieron caso. ¡Claro que no iban a cancelarla!

Cuando salieron de la oficina del Padre Michael, se dieron cuenta de que ¡Buffy estaba llorando! --¿Qué pasó?—le preguntó la mamá. Buffy contestó –Bruce canceló la boda. No vamos a casarnos. Me dijo que conoció a otra chica y ya no me quiere de novia.-- Las mujeres lloraron por lo que pasó a Buffy. El papá no les hizo caso. Él también lloró, pero él lloraba porque ya había pagado la cuenta del pastel y de la boda, y ¡ni la pastelería ni la iglesia ofrecían reembolsos (refunds)! ¡Pobre Buffy! Y ¡pobre Papá!

21) *Chivo y el hombre gordo*

Chivo quería visitar a su abuela, así que hizo un viaje a su casa en Tempe. Cuando Chivo llegó, la abuela se despedía de un hombre muy gordo que salía de su casa. Chivo no conocía al hombre, pero era un chico muy educado y no quería pedirle información a su abuela.

Durante las semanas siguientes, Chivo hizo muchos viajes a la casa de su abuela. Cada vez, el hombre gordo estaba. Un día cuando vino, la abuela tenía mucha prisa. –Lo siento, Chivo. No puedo visitar contigo hoy. Voy a Las Vegas.

--¿Por qué?—respondió Chivo.

--Voy a casarme con el hombre gordo. Se llama Panzón, y es un hombre honesto y bueno. —

¿Abuela iba a casarse? ¡Ella tenía casi ochenta años! Chivo salió de su casa y decidió buscar al hombre gordo. Lo buscó en Google usando su "I-phone," y había una foto del hombre gordo. La policía lo quería porque se casó con una mujer vieja y rica—y entonces ¡la mujer se murió! ¡El hombre gordo era un asesino!

Sin hablar con su abuela, Chivo le llamó a la policía y le dio la información que el hombre gordo estaba en la ciudad de Tempe, y estaba a punto de casarse con otra mujer vieja y rica. La policía buscó al hombre y lo arrestó. Por eso,

Panzón nunca llegó a la casa de la abuela. Ella no sabía lo que pasó, pero parecía que no le importaba demasiado. Ella pronto volvió a sus clubes de Bingo y Mah Jong. Chivo se sentía aliviado.

23) *La puerta*

Mayra vivía en una casa en Las Cruces. Era estudiante y la casa era nueva para ella. Era una casa bonita, y tenía dos puertas. Una puerta era la puerta que había usado para entrar, y había abierto sin problemas. La otra puerta estaba cerrada, y Mayra quería abrirla. Pensó que pudría abrirla sin problemas, pero cuando puso la llave en la cerradura (lock), ¡no pudo abrirla!

Mayra vivía en un barrio con muchos estudiantes, y decidió pedirle ayuda a un chico guapo que vivía en otra casa. El chico trató de abrirla, pero no pudo hacerlo. Entonces, Mayra les pidió ayuda a dos chicos musculosos que andaban por la calle. Los tres chicos trataron de abrir la puerta para empujarla y para jalarla. ¡No pudieron hacerlo!

Después de un rato, una tía de Mayra tocó la puerta. Cuando ella entró, los estudiantes, sonriendo, le pidieron ayuda con la puerta. La tía tenía ochenta años y era muy flaca y débil, pero los chicos pensaron que era posible que la tía tuviera unas ideas. Y era verdad. La tía llegó a la puerta, movió el pomo (knob), pegó la puerta tres veces en tres partes diferentes, y ¡la puerta abrió! --¡Es un milagro!—le dijo un chico a la chica. --¿Cómo pudo hacerlo ella cuando nosotros no pudimos hacerlo—

--Es fácil de entender—le dijo la chica. --Es su casa.--

24) *¡No quiero estudiar!*

Carlos y Mariana estaban en casa, como siempre. Se quedaban en casa porque tenían mucha tarea que hacer, y también porque los padres nunca les daban permiso de salir. Por eso, los hermanos nunca la pasaban bien.

Carlos llegó al dormitorio de Mariana y gritó –Mari, ¡vámonos! ¡Quiero ir al cine! Mariana le dijo –Sabes que no podemos, Carlos. Mamá y Papá dicen que tenemos que quedarnos aquí porque tenemos clases mañana. –Carlos respondió –Tienes razón, pero ¡no me importa! Voy al cine. ¿Tu vas a ir o no?—Mariana sabía que Mamá iba a enojarse con ellos; sin embargo dijo que sí y se fueron.

Mariana y Carlos llegaron al cine y la pasaron bien. Entonces fueron a la casa de un amigo y se quedaron por dos horas. Cuando llegaron a casa, se asustaron porque sabían que los padres los esperaban. Entraron en la casa y—¡los padres no estaban! Los chicos se acostaron muy rápido y estaban dormidos cuando llegaron los padres. Mamá le dijo a Papá –Tienes razón como siempre, Jorge. Los chicos están dormidos, como los ángeles que son.-- Nunca supieron la verdad.

25) *Un vuelo*

Gerardo y su familia estaban en el aeropuerto de Tallahassee para hacer un viaje a Cincinnati para visitar a la abuela de Gerardo. Los boletos habían sido comprados y Gerardo y todos estaban muy emocionados.

Cuando ellos se subieron al avión, todos buscaron los asientos. Se sentaron en los asientos de emergencia, al lado de la puerta. Había ciertas reglas: no se permitían a los discapacitados (disabled) sentarse en los asientos, ni los muchachos que tenían menos de trece años. Gerardo y su familia no se preocuparon por eso. La familia creía que los accidentes casi nunca pasaban, y nunca a ellos. Nadie era discapacitado, y Gerardo tenía 15 años. Se sentaron en los asientos y esperaron.

El avión despegó y empezó a volar. Había volado por menos de una hora cuando los pasajeros oyeron la voz de la azafata (flight attendant). –Pasajeros—hay turbulencia. No se preocupen, por favor. El piloto tiene mucha experiencia.-- Gerardo miró a los padres y los tres pensaban la misma cosa "¿Tenemos que ayudar a los pasajeros en una emergencia?" Pero la turbulencia no era muy mala, y el avión pronto empezó a volar sin problema.

El avión voló por 3 horas hasta llegar a Cincinnati. Aterrizó en el aeropuerto, pero entonces ¡las puertas del avión no se abrieron! Los pasajeros tuvieron que bajarse por las salidas de emergencia, empezando con Gerardo y su familia. ¡Qué emocionante!

26) *Primera noche en la casa nueva*

Mateo estaba muy cansado. Era la primera noche en su apartamento nuevo, y estaba muy fatigado y sólo quería dormir. Así que abrió la ventana para tener una brisa y se acostó temprano. Sin embargo, cuando se acostó se dio cuenta de que se había olvidado de cerrar con llave la puerta. ¡Qué horror! Se levantó, cruzó a la puerta (el apartamento era muy chiquito) y la cerró con llave. Volvió a la cama y se acostó de nuevo.

Mateo se acostó pero no se durmió porque oyó ladrar un perro. No tenía un perro, y le molestó oír el ruido. El perro ladró y ladró, y por fin el chico cruzó a la ventana y la cerró. Ahora no podía oír el perro. Pero ahora no había una brisa. Por eso prendió el aire acondicionado.

Mateo se acostó otra vez y estaba a punto de dormirse cuando de repente oyó un ruido horrible. ¡Era el aire acondicionado! Había un problema con la máquina y hacía sonidos que eran peores que una mujer gritando. Pero no podía apagarlo, porque hacía mucho calor y el perro todavía estaba ladrando.

¡Pobre Mateo! Se acostó en la cama pero no durmió toda la noche por el ruido. El próximo día habló con el dueño del apartamento y se mudó.

27) *El cochino blanco: Una historia verdadera*

A mi esposo, Valeriano, le gustaba mucho cazar. Él cazaba muchos animales: los conejos y las ardillas, los venados y los osos, y aún las culebras de cascabel. Más que todo, le gustaba cazar los cochinos salvajes. Aunque le gustaba mucho cazar, no tenía mucha suerte. La única cosa que mataba con frecuencia era el tiempo.

Vale tenía un amigo que se llamaba Jeff. Jeff no era un cazador, aunque tenía muchas escopetas. Nunca había cazado en su vida, y quería cazar algo. Un día, habló con mi esposo, y los dos decidieron ir a Parkfield, una ciudad en California central. Había muchos cochinos en Parkfield, y Vale estaba seguro que podían encontrar uno o algunos allá.

Antes del viaje, Vale estaba preocupado. Me dijo que su amigo estaba muy emocionado, y no sabía qué tipo de cazador era. Le dije

—No te preocupes. Tu amigo está contigo, y tú sabes usar una escopeta. Si te escucha, ustedes no van a tener ningún problema. Me sonrió, pero todavía estaba preocupado. Como vas a ver, él tenía razón para estar preocupado.

Después de salir los dos, pasaron cuatro horas y entonces sonó el teléfono. Era Vale. Me dijo que había un problema, pero me dijo –No te preocupes. Todo está bien. —Ahora yo estaba muy preocupada. Los esperé, pero Jeff no volvió, sólo Vale. Me dijo lo que pasó:

En Parkfield, había un campo lleno de árboles y piedras—muchos lugares buenos para cazar los cochinos. Vale le dijo a Jeff—ten cuidado. No dispares tu escopeta si no estás seguro que hay un cochino. Jeff estaba de acuerdo. Vale llevó su escopeta, encontró una piedra, y se escondió detrás de la piedra. Unos momentos pasaron, y entonces Vale oyó una voz emocionada— ¡Un cochino blanco! Voy a pegarle un tiro (shoot him). Una escopeta disparó, y entonces un momentito de silencio. Entonces una voz bien enojada: --¡Qué demonios! ¿Por qué me tiraste? -- Vale corrió, y ¡vio algo increíble! Había un hombre con una camisa blanca. ¡Jeff le disparó al hombre! Pero el hombre no estaba muerto. En vez de pegar al hombre, el tiro (bullet) le pegó la escopeta que el hombre llevaba en su espalda. ¡Qué milagro!

¿Qué pasó después? Para Vale, nada. Él no tenía la culpa. Jeff estaba muy preocupado porque tenía que presentarse a un juez (judge). No recibió tiempo en la cárcel, pero tuvo que vender todas las escopetas y pagar los daños (damages) al hombre. Jeff nunca volvió a cazar.

28) *Un problema de peso*

Juliana quería bajar de peso. No era muy gorda, pero siempre pensaba que sí lo era. De niña, los chicos se burlaban de ella y le decían que era muy gordita y muy fea. Nunca olvidó lo que decían los chicos, y siempre pensó que era gorda y fea.

Juliana decidió que no quería comer chocolate, y bajó de peso. Dejó de comer helado, y ella bajó más de peso. Cuando decidió que no quería comer espaguetis ni pasta, ella bajó de peso aún más. Ella no comía nada más que fruta, legumbres y pollo.

Después de un mes, ella se miró en el espejo. "¡Qué gorda soy!" pensó. Entonces, decidió que no iba a comer ni plátanos, ni naranjas, ni pollo. La chica, nunca muy gorda, bajó mucho de peso. Pero cuando se miró en el espejo, todavía vio a la misma chica gorda de que los niños se burlaban.

Después de un rato, había una competencia en la escuela para buscar un equipo de baile nuevo. Ella quería competir porque le encantaba bailar. Sin comer más, empezó a hacer ejercicios por horas seguidas. Sin la comida necesaria para la salud, la chica se enfermó mucho y no pudo competir. Su mamá la puso en un hospital para chicos que tienen problemas mentales y no pueden controlar el peso.

En el hospital, la chica aprendió muchas cosas. Aprendió que no estaba gorda—estaba flaquísima. Empezó un régimen para subir de peso, y después de un rato subió 15 libras. No era fácil para ella, porque la pobre chica estaba segura de que se veía horrible, pero sí lo hizo. Y ahora quiere estar sana, no flaquita.

29) *El día después del partido*

Marco estaba muy cansado cuando llegó a su clase. Era miembro del equipo de fútbol, y su equipo había tenido un partido contra la escuela Brophy en Phoenix ayer. El partido había terminado a las diez— su escuela, Salpointe, ganó, por supuesto—y el autobús escolar llegó a la escuela a la medianoche. Entonces, tenía que hacer la tarea. No se durmió hasta las dos de la mañana.

Marco no quería asistir a sus clases, pero su mamá insistió. Así que el chico llegó muy cansado a su primer período—la clase de las matemáticas. Su profe, el Profesor Aguirre, era un profesor horrible. Siempre hablaba con monotonía --¡qué aburrido! Después de cinco minutos de escuchar al profe, Marco se durmió.

Mientras hablaba el Profesor Aguirre, unos chicos empezaron a reírse. El profesor se enojó un poco—aún más cuando se dio cuenta de que Marcos estaba dormido. El profe fue a su escritorio y ¡lo despertó golpeándolo con una almohada! Marcos se despertó y le dijo--¿Qué pasa, Mamá?—Todos los chicos se burlaron de él. Y después, cuando le pasaban en el pasillo siempre le decían--¿Qué pasa, Mamá? ¡Esto duró más de una semana! Marcos nunca durmió en clase después.

30) *De compras*

Había un chico que se llamaba Mario. A Mario le gustaba mucho la ropa de Macy's. Por eso, siempre iba a Macy's cuando quería ropa nueva. Un domingo, mientras iba a Macy's en el centro comercial Park Place, Mario se encontró con su amigo Julian. A Julian no le gustaba la tienda Macy's porque no tenía ropa súper grande. Julian le dijo –Ven conmigo a la tienda "Supersize me". (Julian no era muy gordo, pero siempre llevaba ropa súper grande porque era cholo.) Así que los dos chicos fueron a Supersize me.

En la tienda, los chicos buscaron pantalones, camisas, y zapatos. A Julian le gustaban los pantalones mucho, pero a Mario no, porque cuando se puso los pantalones, ¡los pantalones se le cayeron! Los zapatos—lo mismo. Eran perfectos para Julian, pero eran demasiado grandes para Mario. Mario no era cholo y no le gustaba la ropa de la tienda. Mario se puso frustrado y salió de la tienda. Volvió al centro comercial y pronto llegó a la tienda Macy's.

En Macy's, se encontró con el profesor de cálculo. Cuando vio el al profesor, el pobre chico se asustó mucho porque ¡olvidó que tenía un examen importante en su clase el lunes! Por eso no compró nada. Volvió a la casa rápido y empezó a estudiar. El próximo día cuando llegó a clase, tomó el examen y lo pasó. Entonces, para celebrar, volvió a Macy's y compró mucha ropa.

31) *La historia de Karen Carpenter*

Karen Carpenter era cantante. Cantaba con su hermano Richard en el grupo "Los Carpenters" durante los años 70 y 80. Karen tocaba la batería, también. Empezó a tocarla en la escuela secundaria, usando un par de palillos chinos (chopsticks) y unas banquetas altas de bar (bar stools). Aunque tocaba bien la batería, era más famosa por su voz bella.

Karen no tenía buena salud. Cuando era joven, ella pesaba 145 libras, lo que era mucho porque midió sólo 5'6". Ella empezó a bajar de peso bajo la supervisión de un doctor. Cuando ella empezó a cantar con su hermano, pesaba solo 95 libras.

Aunque Karen tuvo éxito en su dieta, todavía pensaba que era gorda. Cuando se miró en el espejo, vio a una chica bien gorda en vez de la chica flaquísima que era. Por eso, ella empezó a bajar más de peso. Karen tomaba medicina, no comía, hacía ejercicios por horas seguidas, y tomaba muchísima agua en vez de comer. Cuando sí comía, lo vomitaba todo. Por supuesto, eso no era saludable para su corazón.

Un día, Karen cantaba durante un concierto cuando de repente se desmayó. Con eso, Karen se dio cuenta de que estaba anoréxica. Después, empezó a vivir mejor. Empezó a subir de peso, comer mejor, y tratar de componer el daño que había sufrido su cuerpo. Sin embargo, era demasiado tarde. Karen se murió de un ataque al corazón en 1983. Tenía solamente 32 años.

32) *Meg y los gemelos traviesos*

Había una chica que se llamaba Meg que tenía unos cachorros. En la casa en frente de la suya vivían unos gemelos malos que se llamaban Fred y Frank. Meg siempre se portaba bien y Fred y Frank siempre se portaban mal.

Un día, los gemelos llegaron a la casa de Meg porque ellos querían ver los cachorros. La chica no quería compartir los perros, pero su mamá insistió. Ellos empezaron a acariciar los perritos, pero muy pronto los gemelos empezaron a portarse mal con ellos. ¡Fred y Frank empezaron a jugar al futbol americano con un pobre cachorro!

Meg trató de recoger el perro, Sin embargo los gemelos continuaron jugando con él. De repente, Frank tiró el perrito a su hermano y Fred lo dejó caer. Meg se puso muy enojada y triste. Meg llevó el perro a su mamá, y ellas lo llevaron al veterinario.

Cuando ellos llegaron con el perro, el veterinario les dijo que la pierna del cachorro estaba quebrada. Los padres de Meg se enojaron mucho con ella. Sin embargo, los gemelos tenían la culpa.

33) *El honor*

Marti y Lucy estaban muy emocionadas. Megan Fox hizo una colecta y juntó más de 3 millones de dólares para la escuela de las chicas, y la escuela ya tenía bastante dinero para construir un gimnasio nuevo. Marti y Lucy tenían la oportunidad de darle un certificado de apreciación a Megan para decirle darle las gracias por todo su trabajo. Iban a dárselo a ella en una asamblea en el gimnasio nuevo.

En el día del asamblea, Marti le dijo a Lucy

--Ya que podemos darle el certificado a Megan, ¿por qué no le pedimos un autógrafo también? --

Lucy no creía que fuera una idea buena, pero Marti insistió. Mientras las chicas esperaban, se dieron cuenta de que ¡no tenían el certificado! Lo buscaron y por fin lo encontraron debajo de la silla. Antes de poder levantarlo, Marti lo rompió por accidente. Marti quiso arreglarlo con cinta Scotch, pero no pudo porque se cayó de la silla. Las chicas tenían vergüenza y escaparon del gimnasio antes de darle el certificado. ¡Pobres chicas!

34) *El cuento de Cristóbal*

¿Cristóbal? Sí, era mi novio. Era un hombre muy inteligente. Lo conocía de la escuela. Era mayor que yo, Por eso no habíamos salido antes, pero cuando nos encontramos en la tienda un día, Cris me invitó a cenar. Fuimos a un restaurante íntimo, y nos llevamos bien. Hablamos de muchas cosas, y descubrimos que teníamos mucho en común. Nos gustaban los animales, la Thrash Metal, la comida mexicana, y los deportes. Salíamos mucho, y siempre nos divertíamos. Después de un rato, Cris me pidió la mano. Por supuesto, le dije que sí.

Cris tenía un trabajo: era dependiente en Wal Mart. Pero Cris soñaba con ser músico. Tenía un grupo que se llamaba Sábado de Sangre, y claro, era un grupo de Thrash Metal. Un día, Cris me dijo que no quería trabajar en Wal Mart más; quería tocar la música. Estaba de acuerdo, y le dije que tenía dinero que había heredado cuando se murió mi abuela. Le ofrecí el dinero, y Cris tomó el dinero y lo usó para su grupo. Después de un rato, su grupo estaba listo. Los chicos se vestían en camisetas rotas, pantalones muy apretados (tight), y collares negros con espigas púas (spikes). Los hombres llevaban su pelo estilo "Mohawk" , y la chica tenía pelo de tres colores: azul, morado, y rojo.

Después de un rato, el grupo se hizo muy popular. Una noche, ellos tocaron antes del grupo "Anthrax", y el grupo tuvo mucho éxito. John Bush, uno de los miembros del grupo, le dijo al grupo que sólo necesitaba tiempo y suerte. Pero para nosotros, la suerte era mala. Nos peleamos más y más, porque Cris cambiaba. Ahora fumaba, tomaba drogas, y muchas veces llegaba a casa borracho. También, pasaba mucho tiempo con la chica del grupo, Rosalinda. Después de haber peleado toda una noche, Cris me dejó. Estaba muy triste. Ahora, Cris no es mi novio, ni siquiera mi amigo. Pero todavía lo veo, en la tele, como el resto del mundo. Le deseo mucho éxito. Y una cosa más. Cris me devolvió el dinero, con interés. Ya soy rica. ¡Gracias, Cris!

35) *La mesera y la identificación falsa*

Había dos amigos que querían beber vino. No tenían 21 años, pero no querían hacerle caso a la ley. En vez de esperar, ellos fueron a un hombre viejo y compraron identificación falsa. Fueron a un restaurante mexicano y le pidieron vino a la mesera. La mesera les pidió la identificación, y los chicos se la dieron a ella. Ella las miró y sin decir nada más, salió a la cocina y regresó con una botella de vino blanco y dos copas.

Las copas estaban vacías, pero los chicos echaron el vino en ellas. El vino estaba muy sabroso. Los chicos pensaron que no era vino sino champán, porque tenía muchas burbujas. Bebieron toda la botella, y tenían ganas de beber más. Cuando le pidieron más vino, la mesera se lo dio. Luego recibieron la cuenta. Cuatro dólares--¡qué barato! Los chicos salieron del restaurante sin saber que la mesera sabía que la identificación era falsa y les dio jugo de manzana con gas de Martinelli en vez de vino.

36) *El restaurante malo*

Pati era la dueña de un restaurante malo. Había hoyos grandes en el piso y cucarachas en la comida. Pati era muy pobre, así que era la dueña, la cocinera, y también la mesera. Aunque la comida era muy barata, el restaurante siempre estaba vacío. Nadie quería comer allá porque no le gustaban ni los hoyos ni las cucarachas.

Lorenzo era el dueño de otro restaurante. El restaurante tenía mucho éxito porque era muy bueno y bonito. La comida era carísima, pero era sabrosa y no había ni hoyos ni cucarachas. El restaurante siempre estaba lleno de clientes.

Un día, Pati conoció a Lorenzo en una conferencia de cocineros. Fue amor a primera vista. Pati no conocía a nadie que fuera más guapo o más inteligente que Lorenzo. Lorenzo también se enamoró de la chica bonita. Sin embargo, Pati no quería hablar de su restaurante porque tenía vergüenza. Cuando salían, les gustaba visitar los restaurantes. Ellos comían en el restaurante de Lorenzo mucho, pero cuando se encontraban, nunca iban al restaurante de Pati.

Un día, Lorenzo decidió visitar el restaurante de Pati. Él miró a los hoyos y las cucarachas y se enfadó—no con Pati sino con sí mismo porque no habló del restaurante con ella antes. ¿Cómo podía ayudarla?

Ahora, Pati tiene un restaurante buenísimo. No hay hoyos en el piso. No hay cucarachas. El restaurante es espectacular porque tiene dos dueños—Lorenzo y Pati. A Pati le gusta la situación porque Lorenzo es su esposo.

37) *El viaje secreto*

John y su esposa Marian querían hacer un viaje a Dallas. No tenían mucho dinero, así que John decidió hacer el viaje y poner a Marian en su maleta. John hizo la maleta con Marian adentro. La llevó al aeropuerto sin problema porque Marian era una enana—era tan chiquita como una muñeca. También, John tenía más músculos que Arnold Schartenegger.

John llevó la maleta al avión. La puso en el compartimento de maletas y se sentó en la silla. El avión despegó y empezó a volar. Voló sin incidente por un rato. Había una película interesante, y John lo pasaba bien mirándola. De repente, oyó una voz chiquita que le dijo –John, ¡ayúdame! Debo usar el baño antes que tenga un accidente--. John agarró la maleta y la abrió. Marian salió y corrió al baño. La azafata (flight attendant) vio a la mujer pequeña corriendo y le dijo: --¿Quién eres? No tienes un boleto. ¿Eres terrorista?—

¡Terrorista! Los pasajeros oyeron la palabra y empezaron a gritar. Tenían tanto miedo que querían matar a la pobre Marian. John gritó—¡No es terrorista! Es mi esposa. Estaba en la maleta. Lo siento mucho.-- John tuvo que comprar otro boleto. Cuando aterrizó el avión, no podían pagar la cuenta del hotel en Dallas. Regresaron inmediatamente por avión a su casa. ¡Pobre pareja!

Made in the USA
Middletown, DE
22 April 2019